ELKE SELKE

GEHÄKELTE GARDINEN 4

FOTOGRAFIE: KARSTEN SELKE

Bibliografische Information der Deutschen Nationalbibliothek
Die Deutsche Nationalbibliothek verzeichnet diese Publikation in
der Deutschen Nationalbibliografie; detaillierte bibliografische
Daten sind im Internet über www.dnb.de abrufbar.

Herstellung und Verlag: BoD - Books on Demand, Norderstedt

Inhalt:

Liebe Leserinnen und Leser,

Luftmaschen und Stäbchen - viel mehr braucht man nicht, um die verschiedensten Filetmuster häkeln zu können. In der richtigen Reihenfolge aneinandergereiht ergeben sich aus diesen Maschen die unterschiedlichsten Muster, die sich auf Grund der netzartigen Struktur hervorragend für Gardinen und Borten eignen.

In diesem kleinen Buch finden Sie Gardinen in unterschiedlichen Größen mit verschiedenen Mustern - Gardinen mit floralen oder geometrischen Mustern, Gardinen mit Kindermotiven oder Jugendstil-Ornamenten und Gardinen mit Tieren.

Ich wünsche Ihnen viel Erfolg und viel Spaß beim Häkeln!

Ihre Elke Selke

Bevor Sie beginnen ...

Für das Gelingen der Häkelarbeit spielt die Qualität des Materials eine sehr große Rolle. Bitte bedenken Sie bei der Auswahl des Garnes, dass eine Handarbeit, die in jedem Fall viel Zeit in Anspruch nimmt, auch für viele Jahre ihre Schönheit behalten soll. Daher ist es sehr wichtig, hochwertiges Garn zu wählen. Lassen Sie sich vom Händler beraten oder nutzen Sie die Telefonhotlines der Hersteller.

Häkelgarne gibt es nicht nur in verschiedenen Farben und Qualitäten, sondern auch in verschiedenen Stärken. Für Gardinen empfehle ich die Stärke 10. Die meisten Gardinen dieses Buches sind mit Baumwollgarn in Stärke 10 gearbeitet.

Wichtig ist auch die Wahl einer geeigneten Häkelnadel. Diese muss auf die Stärke des Garnes abgestimmt sein. Sie finden auf den Banderolen des Häkelgarns Angaben zur empfohlenen Größe der Häkelnadel. Auch die Häkelnadel sollte von guter Qualität sein. Eine Häkelnadel, die nicht gut verarbeitet ist, die beim Häkeln hakt oder nicht gut in der Hand liegt, wird Ihnen keine Freude bereiten. Ob Sie eine Häkelnadel aus Metall, Holz, Bambus oder Kunststoff wählen, ist Ihrem Empfinden überlassen. Probieren Sie die Nadeln am besten vor dem Kauf aus.

Bei jeder Gardine habe ich Maße angegeben, die als Orientierung dienen sollen. Auch bei Verwendung des gleichen Garns und einer Häkelnadel in der gleichen Stärke können Abweichungen auftreten. Ob Sie fest oder eher locker häkeln und wie die Gardine nach Fertigstellung gespannt wird, das alles hat Einfluss auf die endgültige Größe der Arbeit. Die Größenangaben beziehen sich immer auf die Größe der gespannten Gardine.

Sie finden bei jedem Modell auch Hinweise zur möglichen Veränderung der Größe der Gardine. Einige Gardinen können um ganze Mustersätze reduziert oder erweitert werden, andere lassen sich durch Einfügen oder Entfernen von Filetreihen an die gewünschte Fenstergröße anpassen. Häkeln Sie vor Beginn der Arbeit eine kleine Musterprobe, um die Größe hochrechnen zu können. Hierzu empfehle ich, ein Quadrat aus 10 Kästchen in Höhe und Breite mit dem Garn und der Häkelnadel, die Sie für die Gardine verwenden wollen, zu häkeln. Aus der Größe des Quadrates können Sie die Größe des fertigen Modells berechnen.

Ganz wichtig für ein optimales Erscheinungsbild einer Häkelarbeit ist das Spannen. Der Markt bietet Spannrahmen, Spannunter-lagen und Spannvorrichtungen in verschiedenen Ausführungen an. Ich habe für die Modelle des Buches die Hilfe einer Gardinenspannerei in Anspruch genommen, die ich sehr empfehlen kann:

Gardinen- und Deckenspannerei, K. Schernich, Hauptstr. 32, 96193   Wachenroth,
Tel. 09548/8069

Die Filethäkelei

Die Filethäkelei ist eine schnell zu erlernende Häkeltechnik. Wenn Sie das Häkeln von Luftmaschen, Stäbchen und Kettmaschen beherrschen, dann können Sie bereits alle Modelle des Buches nacharbeiten.

Den Beginn bildet eine Luftmaschenkette (Abb. 1/ Seite 12). Die benötigte Anzahl Luftmaschen ist bei jedem Modell vermerkt. Dann werden Hin- und Herreihen gearbeitet. Das erste Stäbchen wird dabei durch drei Wendeluftmaschen ersetzt. (Abb. 2/ Seite 12)

Die Filethäkelei ist eine Kombination aus leeren und gefüllten Kästchen. Ein leeres Kästchen besteht aus einem Stäbchen und zwei Luftmaschen, ein gefülltes Kästchen besteht aus drei Stäbchen. Durch das Aneinanderfügen gefüllter Kästchen werden Motive gestaltet.

Wenn leere Kästchen auf leere Kästchen gehäkelt werden, müssen die Stäbchen in die Stäbchen der Vorreihe gearbeitet werden. Wenn volle Kästchen auf volle Kästchen gehäkelt werden, werden alle Stäbchen in die Stäbchen der Vorreihe gearbeitet. Wenn volle Kästchen auf leere Kästchen gehäkelt werden, wird ein Stäbchen in das Stäbchen und zwei weitere Stäbchen um die Luftmaschen der Vorreihe gearbeitet. Wenn leere Kästchen auf volle Kästchen gehäkelt werden, dann wird ein Stäbchen in das Stäbchen der Vorreihe gearbeitet und die beiden folgenden Stäbchen werden durch zwei Luftmaschen ersetzt.

Zunahmen: Bei den Gardinen mit Zickzack- oder Spitzenrändern sind Zunahmen erforderlich. Wenn ein Kästchen am Reihenanfang zugenommen werden soll, werden am Anfang 6 Luftmaschen gehäkelt, die ersten vier ersetzen das erste Stäbchen, in die 5. und 6. Luftmasche wird jeweils ein Stäbchen gearbeitet, das nächste Stäbchen wird in das letzte Stäbchen der Vorreihe gehäkelt.
Für das Zunehmen eines Kästchens am Reihenende müssen drei Doppelstäbchen gehäkelt werden. Die Einstichstelle des ersten ist die Einstichstelle des letzten Stäbchens. Die beiden weiteren Doppelstäbchen werden in das erste Abmaschglied des vorigen Doppelstäbchens eingestochen.
Wenn mehrere Kästchen zugenommen werden sollen, verfahren Sie entsprechend.

Abnahmen: Um Kästchen am Reihenanfang abzunehmen, häkeln Sie eine Wendeluftmasche und Kettmaschen in jedes Stäbchen bzw. jede Luftmasche der Vorreihe, bis Sie an die gewünschte Stelle kommen. Um ein Kästchen abzunehmen, häkeln Sie also eine Wendeluftmasche und 2 Kettmaschen.
Das Abnehmen am Reihenende ist ganz einfach, Sie enden an der gewünschten Stelle und lassen die übrigen Kästchen unbehäkelt.

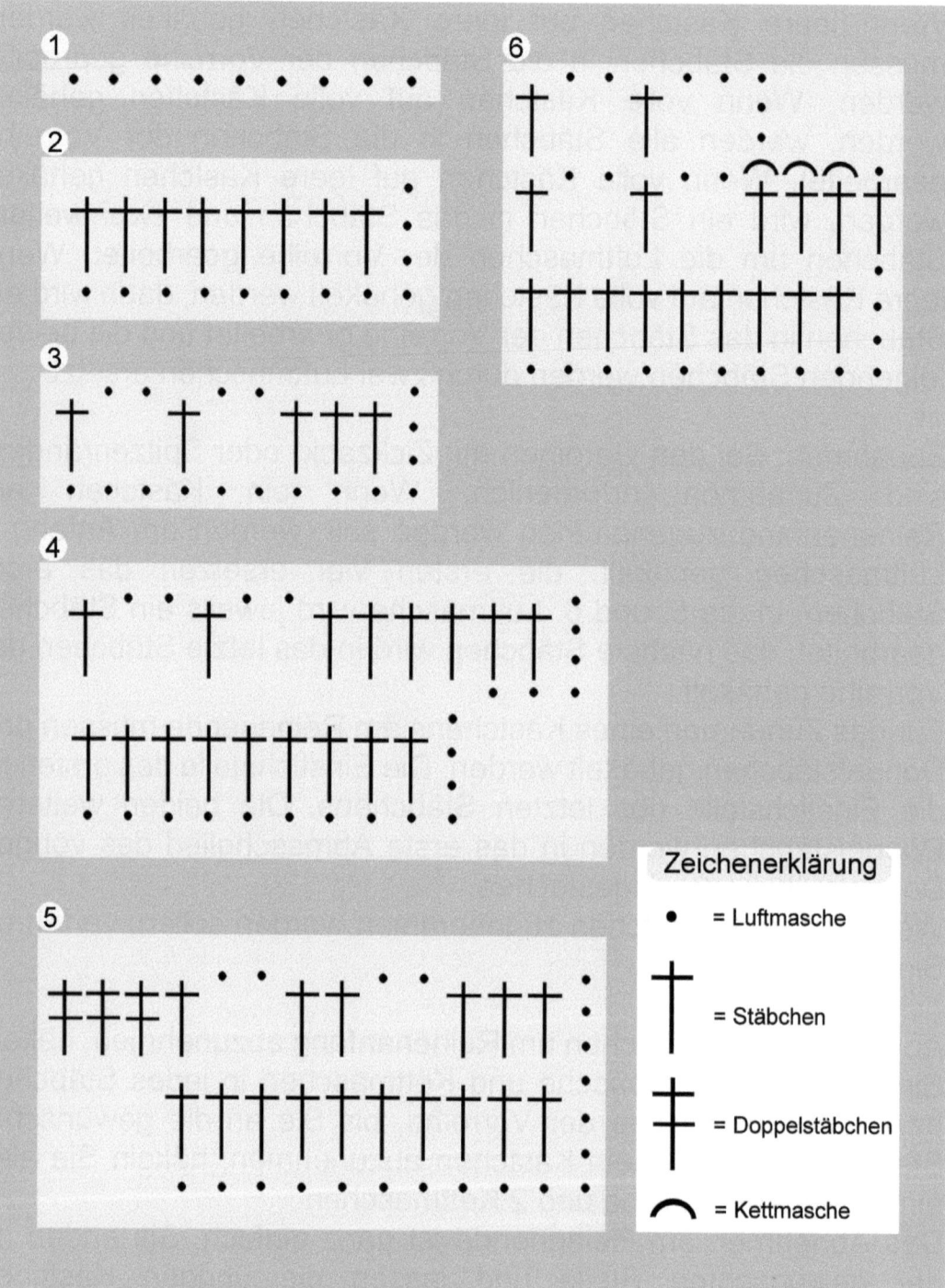

Zeichenerklärung

• = Luftmasche

† = Stäbchen

‡ = Doppelstäbchen

⌒ = Kettmasche

Die Randlösungen

Randlösung 1: Es gibt verschiedene Arten, eine Gardine aufzuhängen. Die einfachste Möglichkeit ist die Verwendung von Gardinenklammern bzw. Donauklammern. Dafür häkeln Sie einen einfachen, geraden Rand (Beispiel: Gardine mit Hahn)

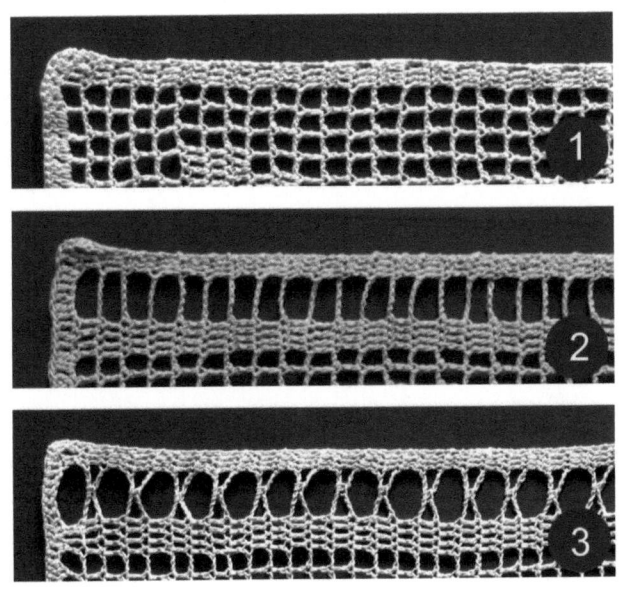

Randlösung 2: Gern werden Gardinen gearbeitet, die bereits Schlaufen für die Gardinenstange besitzen. Dieser Randabschluss ist sehr einfach zu arbeiten, er bietet verschiedene Möglichkeiten der Aufhängung und kann problemlos für breitere Stangen abgewandelt werden. Über die letzten vier Kästchen werden ein volles Kästchen, 5 Luftmaschen über 2 Kästchen und wieder ein volles Abschlusskästchen gehäkelt. Diese Randlösung wird bei den meisten im Buch vorgestellten Gardinen verwendet und ist in der Musterzeichnung mit Randlösung 2 bezeichnet (Beispiel: Gardine mit Haus).

Randlösung 3: Die Randlösung 3 wird ähnlich der Randlösung 2 gearbeitet. Über die letzten 5 Kästchen werden ein volles Kästchen, 5 Luftmaschen über 2 Kästchen und wieder ein volles Abschlusskästchen gehäkelt. In der Rückreihe werden 1 volles Kästchen, 2 Luftmaschen, 1 feste Masche in die vorherige Luftmaschenreihe und wieder 2 Luftmaschen sowie ein volles Kästchen gearbeitet. (Beispiel: Eulen-Gardine).

Gardine mit Eulen

Ob jung oder alt - alle lieben Eulen! Dei Gardine ist ganz einfach und unkompliziert nachzuarbeiten und daher für Anfänger/innen gut geeignet.

Breite x Höhe : 70 cm x 41 cm

Material:

100 Gramm Häkelgarn Stärke 10 in weiß

1 Häkelnadel Nr. 1,25

Muster auf Seite 58 im Musterteil

Diese Gardine wird quer von links nach rechts gehäkelt. Sie beginnen mit einer Kette aus 153 Luftmaschen. Die ersten drei Luftmaschen bilden die Randluftmaschen, Sie häkeln das erste Stäbchen in die vierte Luftmasche und arbeiten insgesamt 50 gefüllte Kästchen.

Dann häkeln Sie der Musterzeichnung entsprechend weiter.Für den Stangendurchzug arbeiten Sie die Randlösung 2 (Lehrgang Filethäkelei).

Die fertige Gardine spannen, anfeuchten und trocknen lassen.

Tipp: Sie können am oberen Rand einige zusätzliche leere Filetreihen einfügen, um Ihre gewünschte Höhe zu erreichen. Bei breiteren Fenstern können Sie einzelne Mustersätze hinzufügen.

Tulpenornamente

Ganz einfach und doch sehr wirkungsvoll ist diese kleine Tulpen-Gardine. Ob in apricot, hellgelb, hellblau oder einfach in weiß - dieses Modell wirkt immer!

Breite x Höhe: 66 cm x 54 cm

Material:

100 Gramm Häkelgarn Stärke 10 in apricot

1 Häkelnadel Nr. 1,25

Muster auf Seite 50 im Musterteil

Diese Gardine wird quer von links nach rechts gehäkelt. Sie beginnen mit einer Kette aus 189 Luftmaschen. Die ersten drei Luftmaschen bilden die Randluftmaschen, Sie häkeln das erste Stäbchen in die vierte Luftmasche und arbeiten insgesamt 62 gefüllte Kästchen.

Dann häkeln Sie der Musterzeichnung entsprechend weiter und arbeiten die Zu- und Abnahmen am unteren Rand wie im Lehrgang Filethäkelei beschrieben.Für den Stangendurchzug arbeiten Sie die Randlösung 2 (Lehrgang Filethäkelei).

Die fertige Gardine spannen, anfeuchten und trocknen lassen.

Geometrisches Muster

Auch dieses vollflächige geometrische Muster erzielt ganz bestimmt seine Wirkung!.

Breite x Höhe: 63 cm x 85 cm

Material:

150 Gramm Häkelgarn Stärke 10 in hellgelb

1 Häkelnadel Nr. 1,25

Muster auf Seite 49 im Musterteil

Diese Gardine habe ich von unten nach oben gearbeitet. Sie beginnen mit einer Kette aus 222 Luftmaschen. Die ersten drei Luftmaschen bilden die Randluftmaschen. Sie häkeln das erste Stäbchen in die vierte Luftmasche und arbeiten insgesamt 73 gefüllte Kästchen.

Dann häkeln Sie der Musterzeichnung entsprechend weiter. Die Gardine wird mit Donauklammern befestigt, Sie häkeln einen geraden Rand (Randlösung 1)

Die fertige Gardine spannen, anfeuchten und trocknen lassen.

Tipp: Dieses Muster lässt sich in der Größe problemlos verändern. Sie können es auch für ein Kissen, eine Tischdecke oder ein Plaid verwenden.

Kurzes Gardinchen

Diese kleine Gardine kann durch Einfügen einzelner Mustersätze an jede Fensterbreite angepasst werden.

Breite x Höhe: 67 cm x 25 cm

Material:

50 Gramm Häkelgarn Stärke 10 in weiß

1 Häkelnadel Nr. 1,25

Muster auf Seite 60 im Musterteil

Diese Gardine wird quer von links nach rechts gehäkelt. Sie beginnen mit einer Kette aus 69 Luftmaschen. Die ersten drei Luftmaschen bilden die Randluftmaschen, Sie häkeln das erste Stäbchen in die vierte Luftmasche und arbeiten insgesamt 22 gefüllte Kästchen.

Dann häkeln Sie der Musterzeichnung entsprechend weiter und arbeiten die Zu- und Abnahmen am unteren Rand wie im Lehrgang Filethäkelei beschrieben. Arbeiten Sie für den Stagendurchzug die Randlösung 2.

Die fertige Gardine spannen, anfeuchten und trocknen lassen.

Das Bauernhaus

Diese Gardine ist ganz einfach zu arbeiten, Sie brauchen jedoch ein wenig Geduld, denn das Modell braucht seine Zeit.

Breite x Höhe: 70 cm x 78 cm

Material:

200 Gramm Häkelgarn Stärke 10 in creme

1 Häkelnadel Nr. 1,25

Muster auf Seite 62 im Musterteil

Diese Gardine wird quer von links nach rechts gehäkelt. Sie beginnen mit einer Kette aus 270 Luftmaschen. Die ersten drei Luftmaschen bilden die Randluftmaschen, Sie häkeln das erste Stäbchen in die vierte Luftmasche und arbeiten insgesamt 89 gefüllte Kästchen.

Dann häkeln Sie der Musterzeichnung entsprechend weiter. Für den Stangendurchzug am oberen Rand häkeln Sie die Randlösung 2 (siehe Lehrgang Filethäkelei).

Die fertige Gardine spannen, anfeuchten und trocknen lassen.

Dekorative Ornamente

Dieses Modell passt in jedes Zimmer - probieren Sie es doch einmal mit Häkelgarn in einer anderen Farbe!

Breite x Höhe: 54 cm x 54 cm

Material:

100 Gramm Häkelgarn Stärke 10 in weiß

1 Häkelnadel Nr. 1,25

Muster auf Seite 64 im Musterteil

Diese Gardine wird quer von links nach rechts gehäkelt. Sie beginnen mit einer Kette aus 180 Luftmaschen. Die ersten drei Luftmaschen bilden die Randluftmaschen, Sie häkeln das erste Stäbchen in die vierte Luftmasche und arbeiten insgesamt 59 gefüllte Kästchen. Dann häkeln Sie der Musterzeichnung entsprechend weiter. Für den Bogen am unteren Rand Zu- und Abnahmen arbeiten wie im Lehrgang Filethäkelei beschrieben. Für den Stangendurchzug arbeiten Sie die Randlösung 2 (siehe Lehrgang Filethäkelei).

Die fertige Gardine spannen, anfeuchten und trocknen lassen.

Tipp: Ganz einfach können Sie durch Einfügen weiterer Mustersätze die Breite der Gardine vergrößern.

Kikeriki

Das ist eine Gardine für das Haus auf dem Land oder für alle, die sich ein wenig Bauernhof-Gefühl in ihre Wohnung holen wollen.

Breite x Höhe: 67 cm x 70 cm

Material:

150 Gramm Häkelgarn Stärke 10 in weiß

1 Häkelnadel Nr. 1,25

Muster auf Seite 52 im Musterteil

Diese Gardine wird quer von links nach rechts gehäkelt. Sie beginnen mit einer Kette aus 258 Luftmaschen. Die ersten drei Luftmaschen bilden die Randluftmaschen, Sie häkeln das erste Stäbchen in die vierte Luftmasche und arbeiten insgesamt 85 gefüllte Kästchen. Dann häkeln Sie der Musterzeichnung entsprechend weiter. Es wird die Randlösung 1 gearbeitet, die Gardine wird mit Donauklammern aufgehängt. (siehe Lehrgang Filethäkelei).

Die fertige Gardine spannen, anfeuchten und trocknen lassen.

Tipp: Sie können den Hahn auch im Kreuzstich auf Zählstoff sticken, dann haben Sie gleich ein passendes Kissen.

Schmiedeeisen als Ideengeber

Das Muster eines schmiedeeisernen Zaunes wurde hier in ein Häkelmuster übersetzt. Und das ist doch gut gelungen!

Breite x Höhe: 73 cm x 48 cm

Material:

100 Gramm Häkelgarn Stärke 10 in creme

1 Häkelnadel Nr. 1,25

Muster auf Seite 54 im Musterteil

Sie beginnen mit einer Kette aus 171 Luftmaschen. Die ersten drei Luftmaschen bilden die Randluftmaschen, Sie häkeln das erste Stäbchen in die vierte Luftmasche und arbeiten insgesamt 56 gefüllte Kästchen. Dann häkeln Sie die Gardine von links nach rechts entsprechend der Musterzeichnung weiter.

Dann häkeln Sie der Musterzeichnung entsprechend weiter. Für den Stangendurchzug arbeiten Sie die Randlösung 2 (siehe Lehrgang Filethäkelei).

Die fertige Gardine spannen, anfeuchten und trocknen lassen.

Tipp: Zur Vergrößerung des Modells können Sie sowohl in der Höhe als auch in der Breite einzelne Mustersätze anfügen.

Was für ein Ausblick!

Dies ist eine Gardine, die in jedes Zimmer passt. Wählen Sie eine Farbe entsprechend Ihrer Einrichtung und Sie haben das gesuchte i-Tüpfelchen für Ihre Dekoration gefunden.

Breite x Höhe: 70 cm x 46 cm

Material:

100 Gramm Häkelgarn Stärke 10 in creme

1 Häkelnadel Nr. 1,25

Muster auf Seite 63 im Musterteil.

Sie beginnen mit einer Kette aus 180 Luftmaschen. Die ersten drei Luftmaschen bilden die Randluftmaschen, Sie häkeln das erste Stäbchen in die vierte Luftmasche und arbeiten insgesamt 59 gefüllte Kästchen.

Dann häkeln Sie der Musterzeichnung entsprechend weiter. Für den Stangendurchzug am oberen Rand arbeiten Sie die Randlösung 2 (siehe Lehrgang Filethäkelei).

Die fertige Gardine spannen, anfeuchten und trocknen lassen.

Tipp: Die Breite der Gardine können Sie durch Einfügen einzelner Mustersätze verändern.

Halbrund

Diese reizvolle Gardine ist ein Schmuck für kleine Fenster.

Breite x Höhe: 56 cm x 37 cm

Material: 50 Gramm Häkelgarn Stärke 10 in weiß
1 Häkelnadel Nr. 1,25

Muster auf Seite 48 im Musterteil.

Sie beginnen mit einer Kette aus 42 Luftmaschen. Die ersten drei Luftmaschen bilden die Randluftmaschen. Sie häkeln das erste Stäbchen in die vierte Luftmasche und arbeiten insgesamt 13 gefüllte Kästchen. Dann häkeln Sie die Gardine von links nach rechts der Musterzeichnung entsprechend weiter. Für den Bogen am unteren Rand werden Zu- und Abnahmen gearbeitet wie im Lehrgang Filethäkelei beschrieben.

Für den Stangendurchzug am oberen Rand arbeiten Sie die Randlösung 2 (siehe Lehrgang Filethäkelei).

Die fertige Gardine spannen, anfeuchten und trocknen lassen.

Tipp: Die kleine Gardine eignet sich auch als Abschluss an einem Stoffrollo, dann sollten Sie jedoch die Reihen für den Stangendurchzug weglassen.

Spitzenmäßig

Diese Gardine wurde mit Häkelgarn in Stärke 20 gearbeitet, dadurch wirkt sie feiner und zarter als die anderen Gardinen im Buch. Sie können sie natürlich auch mit Garn in Stärke 10 häkeln, dann wird sie etwas größer. Mit einer Maschenprobe können Sie die endgültige Größe errechnen.

Breite x Höhe: 58 cm x 54 cm

Material:

100 Gramm Häkelgarn Stärke 20 (LL 50g = 400 m) in karamell

1 Häkelnadel Nr. 1,00

Muster auf Seite 51 im Musterteil.

Sie beginnen mit einer Kette aus 210 Luftmaschen. Die ersten drei Luftmaschen bilden die Randluftmaschen. Sie häkeln das erste Stäbchen in die vierte Luftmasche und arbeiten insgesamt 69 gefüllte Kästchen. Dann häkeln Sie die Gardine von links nach rechts der Musterzeichnung entsprechend weiter.

Für den Stangendurchzug am oberen Rand arbeiten Sie die Randlösung 2 (siehe Lehrgang Filethäkelei).

Die fertige Gardine spannen, anfeuchten und trocknen lassen.

Tipp: Die Höhe der Gardine kann durch Einfügen leerer Reihen, die Breite durch Einfügen weiterer Mustersätze verändert werden.

Für die Weihnachtszeit

Dieses weihnachtliche Modell stellt einen ganz besonderen Fensterschmuck dar. Sie können es neutral in weiß oder auch in rot häkeln.

Breite x Höhe: 55 cm x 56 cm

Material:

100 Gramm Häkelgarn Stärke 10 in weiß

1 Häkelnadel Nr. 1,25

Muster auf Seite 55 im Musterteil.

Sie beginnen mit einer Kette aus 192 Luftmaschen. Die ersten drei Luftmaschen bilden die Randluftmaschen. Sie häkeln das erste Stäbchen in die vierte Luftmasche und arbeiten insgesamt 63 gefüllte Kästchen. Dann häkeln Sie die Gardine von links nach rechts der Musterzeichnung entsprechend weiter.

Für den Stangendurchzug am oberen Rand arbeiten Sie die Randlösung 2 (siehe Lehrgang Filethäkelei).

Die fertige Gardine spannen, anfeuchten und trocknen lassen.

Tipp: Die Höhe und die Breite der Gardine kann durch Einfügen leerer Reihen verändert werden.

Dekorative Randlösung

Wunderbar einfach, trotzdem ausgesprochen dekorativ und einfach in der Größe zu verändern ist dieses Modell.

Größe:Breite x Höhe: 60 cm x 42 cm

Material:

100 Gramm Häkelgarn Stärke 10 in apricot

1 Häkelnadel Nr. 1,25

Muster auf Seite 53 im Musterteil.

Sie beginnen mit einer Kette aus 138 Luftmaschen. Die ersten drei Luftmaschen bilden die Randluftmaschen. Sie häkeln das erste Stäbchen in die vierte Luftmasche und arbeiten insgesamt 45 gefüllte Kästchen. Dann häkeln Sie die Gardine von links nach rechts der Musterzeichnung entsprechend weiter.

Für den Stangendurchzug am oberen Rand arbeiten Sie die Randlösung 2 (siehe Lehrgang Filethäkelei).

Die fertige Gardine spannen, anfeuchten und trocknen lassen.

Tipp: Häkeln Sie das Modell doch einfach in Ihrer Lieblingsfarbe

- z. B. In lindgrün oder hellgelb.

Einfach und doch sehr wirkungsvoll

Ganz schnell haben Sie dieses kleine Modell fertig! Es ist die Lösung für alle, die den freien Blick durch das Fenster bevorzugen, aber auch nicht ganz auf Gardinen verzichten wollen.

Größe:Breite x Höhe, 66 cm x 26 cm

Material:

50 Gramm Häkelgarn Stärke 10 in creme

1 Häkelnadel Nr. 1,25

Muster auf Seite 59 im Musterteil.

Sie beginnen mit einer Kette aus 69 Luftmaschen. Die ersten drei Luftmaschen bilden die Randluftmaschen. Sie häkeln das erste Stäbchen in die vierte Luftmasche und arbeiten insgesamt 22 gefüllte Kästchen. Dann häkeln Sie die Gardine von links nach rechts der Musterzeichnung entsprechend. Für die unteren Bögen häkeln Sie Zu- und Abnahmen wie im Lehrgang Filethäkelei beschrieben. Für den Stangendurchzug am oberen Rand arbeiten Sie die Randlösung 2 (siehe Lehrgang Filethäkelei).

Die fertige Gardine spannen, anfeuchten und trocknen lassen.

Tipp: Diese Gardine eignet sich auch zum Annähen an ein Rollo. Dazu werden die oberen drei Reihen jedoch weggelassen.

Ganz ohne Schnörkel

Ganz ohne Schnörkel kommt dieses Muster aus und doch ist es ausgesprochen elegant.

Breite x Höhe: 63 cm x 60 cm

Material:

100 Gramm Häkelgarn Stärke 10 in weiß

1 Häkelnadel Nr. 1,25

Muster auf Seite 61 im Musterteil.

Sie beginnen mit einer Kette aus 195 Luftmaschen. Die ersten drei Luftmaschen bilden die Randluftmaschen. Sie häkeln das erste Stäbchen in die vierte Luftmasche und arbeiten insgesamt 64 gefüllte Kästchen. Dann häkeln Sie die Gardine von links nach rechts der Musterzeichnung entsprechend. Für den Stangendurchzug am oberen Rand arbeiten Sie die Randlösung 2 (siehe Lehrgang Filethäkelei).

Die fertige Gardine spannen, anfeuchten und trocknen lassen.

Tipp: Die Höhe des Modells können Sie ganz einfach durch Einfügen oder Weglassen leerer Reihen verändern.

Endlos-Muster mit Herzen

Dieses Endlos-Muster lässt sich an fast jede Fensterbreite anpassen.

Breite x Höhe: 66 cm x 32 cm

Material:

100 Gramm Häkelgarn Stärke 10 in weiß

1 Häkelnadel Nr. 1,25

Muster auf Seite 57 im Musterteil.

Sie beginnen mit einer Kette aus 108 Luftmaschen. Die ersten drei Luftmaschen bilden die Randluftmaschen. Sie häkeln das erste Stäbchen in die vierte Luftmasche und arbeiten insgesamt 35 gefüllte Kästchen. Dann häkeln Sie die Gardine von links nach rechts der Musterzeichnung entsprechend. Für die unteren Bögen häkeln Sie Zu- und Abnahmen wie im Lehrgang Filethäkelei beschrieben. Für den Stangendurchzug am oberen Rand arbeiten Sie die Randlösung 2 (siehe Lehrgang Filethäkelei).

Die fertige Gardine spannen, anfeuchten und trocknen lassen.

Tipp: Probieren Sie dieses Gardinchen doch mal in Pastelltönen aus.

Und was wird aus den Resten?

Wer gern und viel häkelt, hat irgendwann einen ganzen Korb voller Restknäule. Hier drei Borten zum Verwerten der Reste.

Muster auf Seite 56 im Musterteil.

Grüne Borte, Breite: 18,5 cm: Sie beginnen mit einer Kette aus 27 Luftmaschen. Die ersten drei Luftmaschen bilden die Randluftmaschen. Häkeln Sie das erste Stäbchen in die vierte Luftmasche und arbeiten Sie 8 gefüllte Kästchen. Arbeiten Sie nach Musterzeichnung bis Sie die gewünschte Länge erreicht haben.

Lila Borten mit Bögen oder Dreiecken, Breite: 11 cm: Sie beginnen mit einer Kette aus 36 Luftmaschen. Die ersten drei Luftmaschen bilden die Randluftmaschen. Häkeln Sie das erste Stäbchen in die vierte Luftmasche und arbeiten Sie11 gefüllte Kästchen. Arbeiten Sie nach Musterzeichnung bis Sie die gewünschte Länge erreicht haben.

Borte in orange, Breite: 10 cm: Sie beginnen mit einer Kette aus 30 Luftmaschen. Die ersten drei Luftmaschen bilden die Randluftmaschen. Häkeln Sie das erste Stäbchen in die vierte Luftmasche und arbeiten Sie 9 gefüllte Kästchen. Arbeiten Sie nach Musterzeichnung bis Sie die gewünschte Länge erreicht haben.

Die fertigen Borten spannen, anfeuchten und trocknen lassen.Die angegebenen Breiten beziehen sich auf die Verwendung von Häkelgarn Stärke 10. Arbeiten Sie die Borten so lang Sie möchten. Die finden Verwendung als Regalborteoder als dekorativer Rand an Handtüchern, Vorhängen und Rollos.

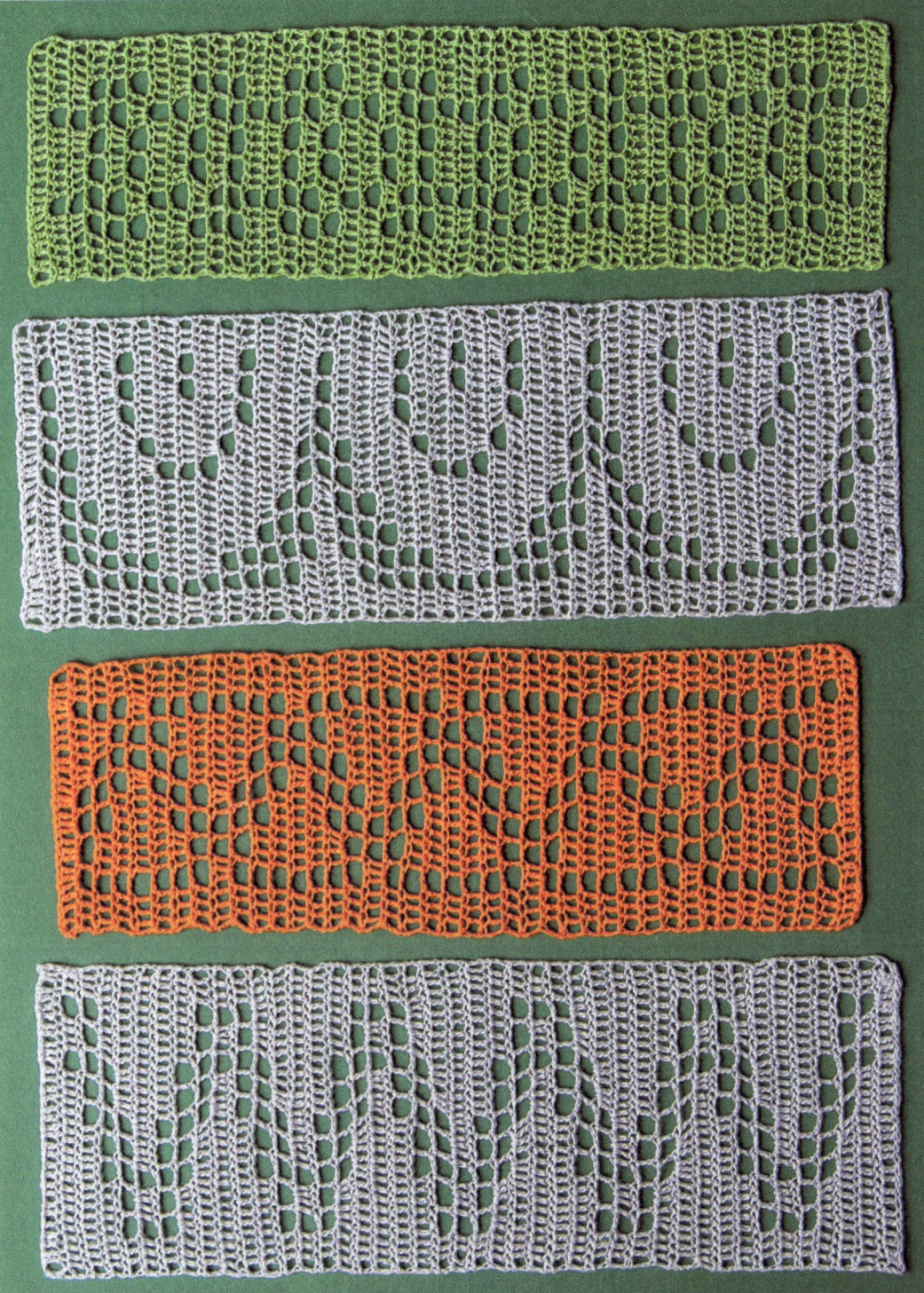

Musterteil

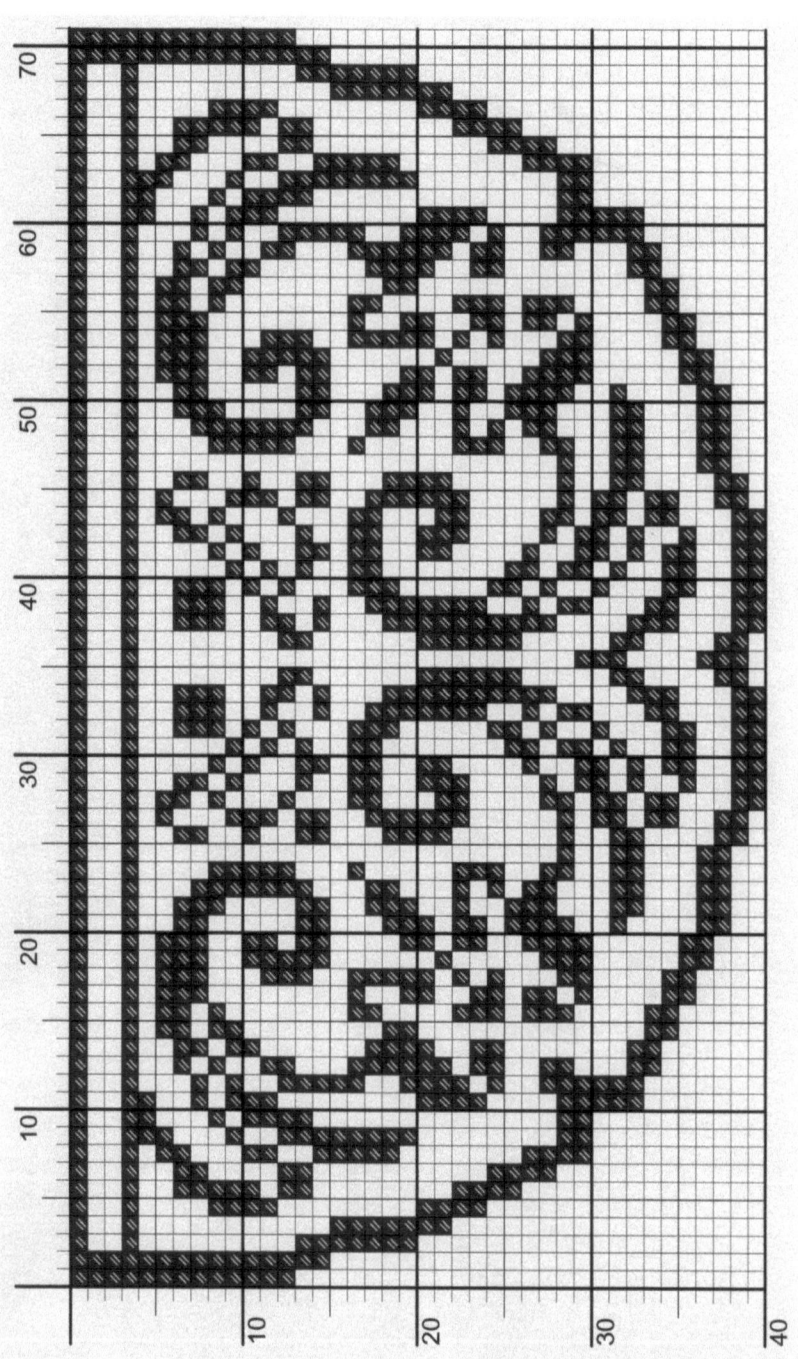

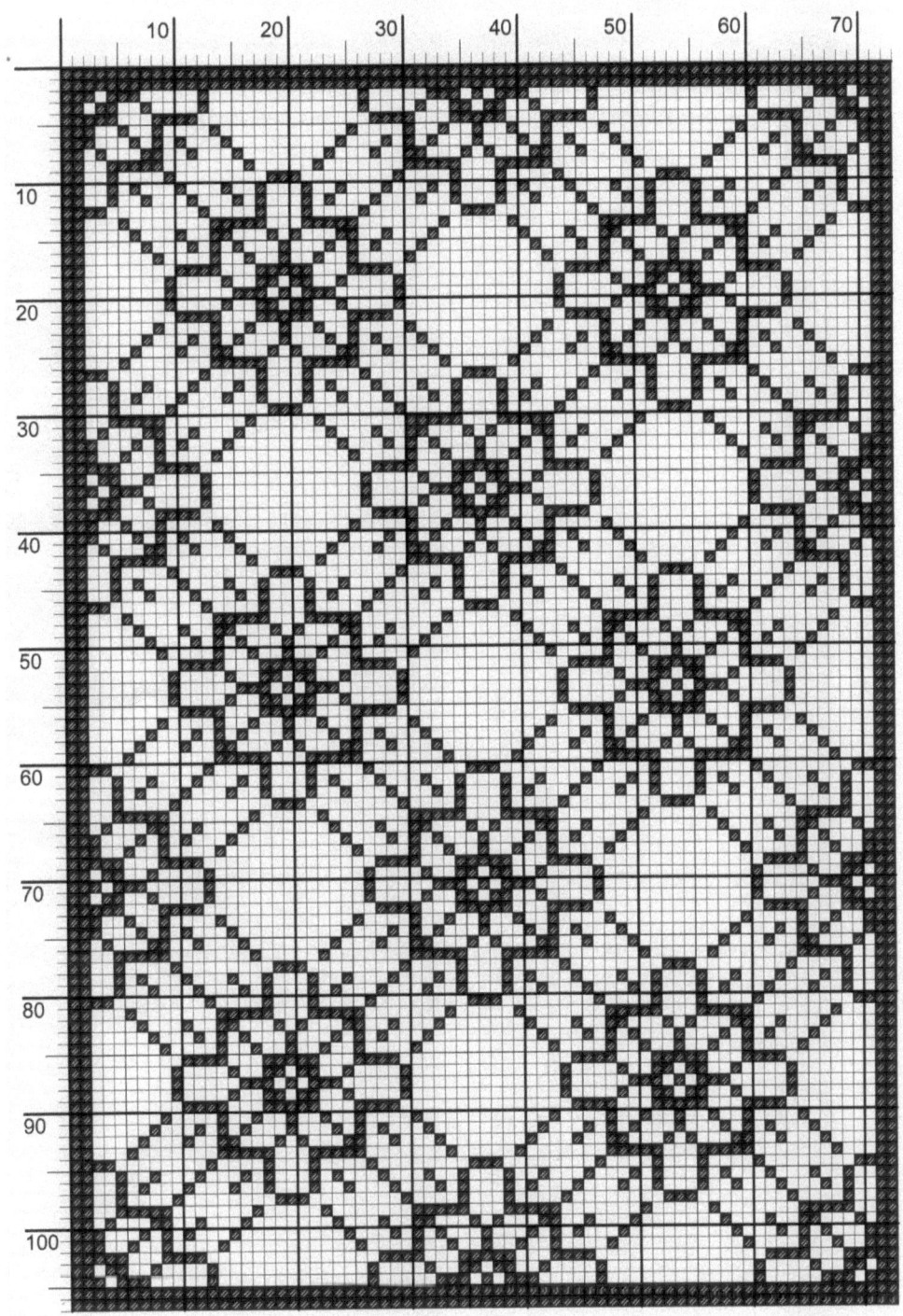

49

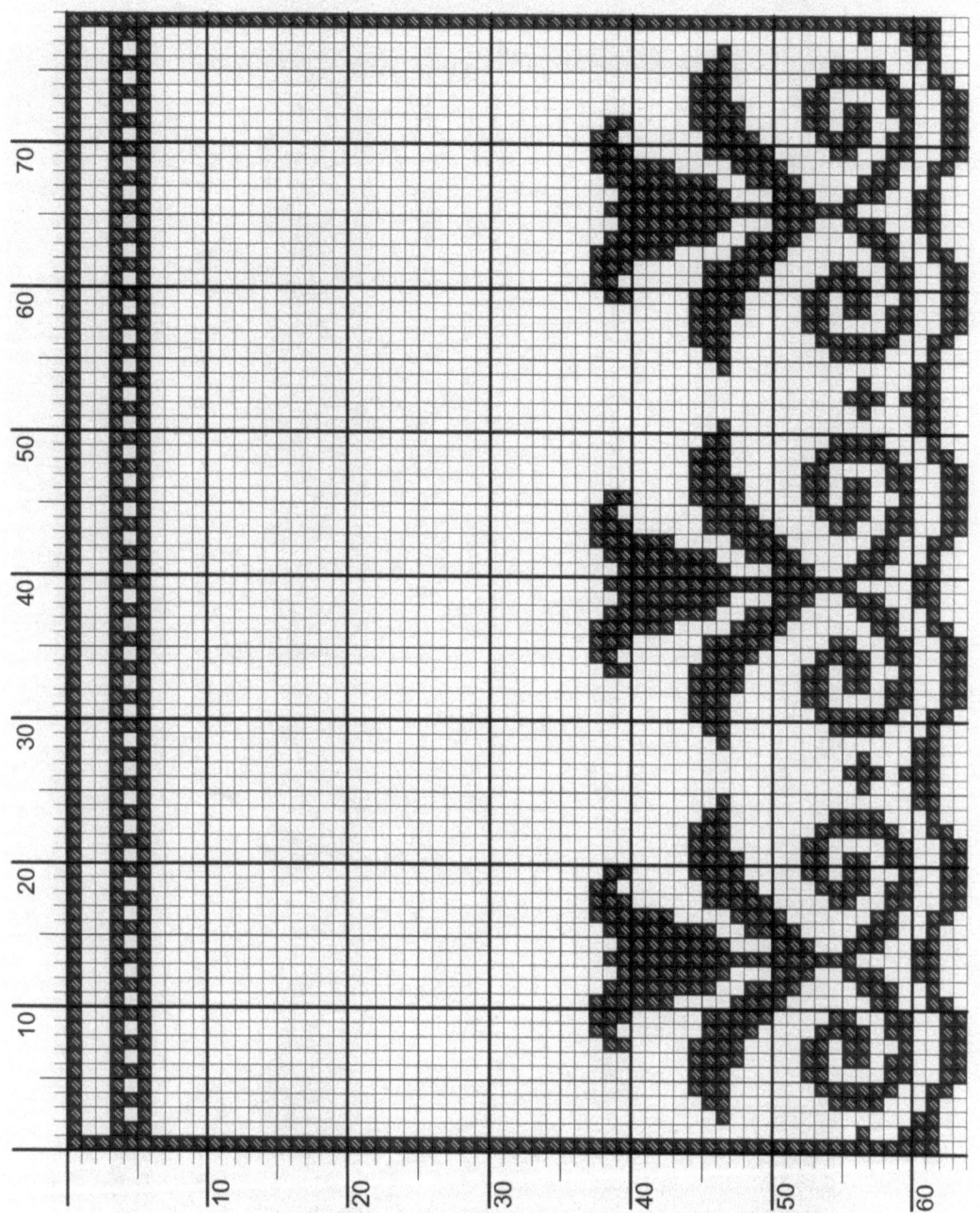

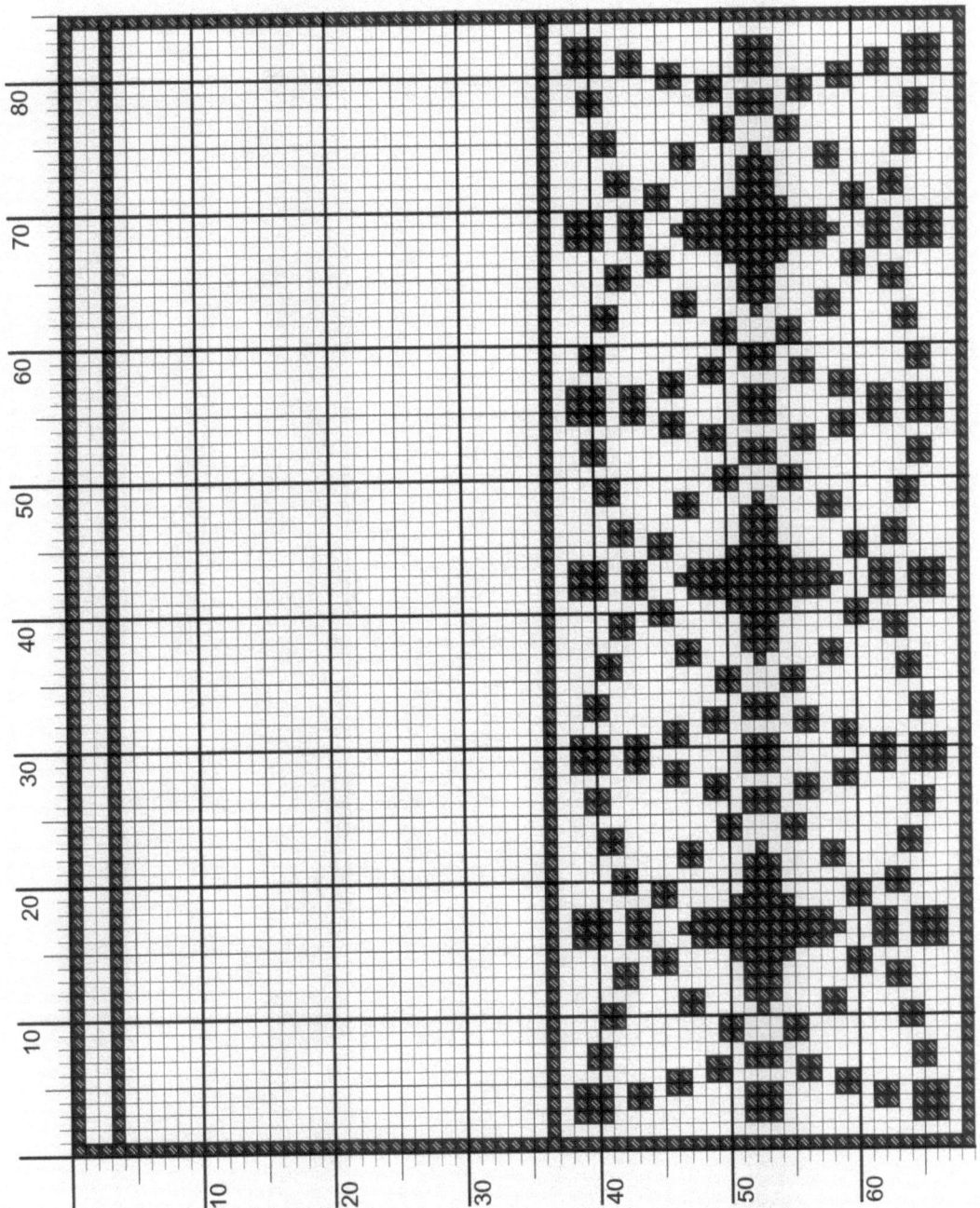

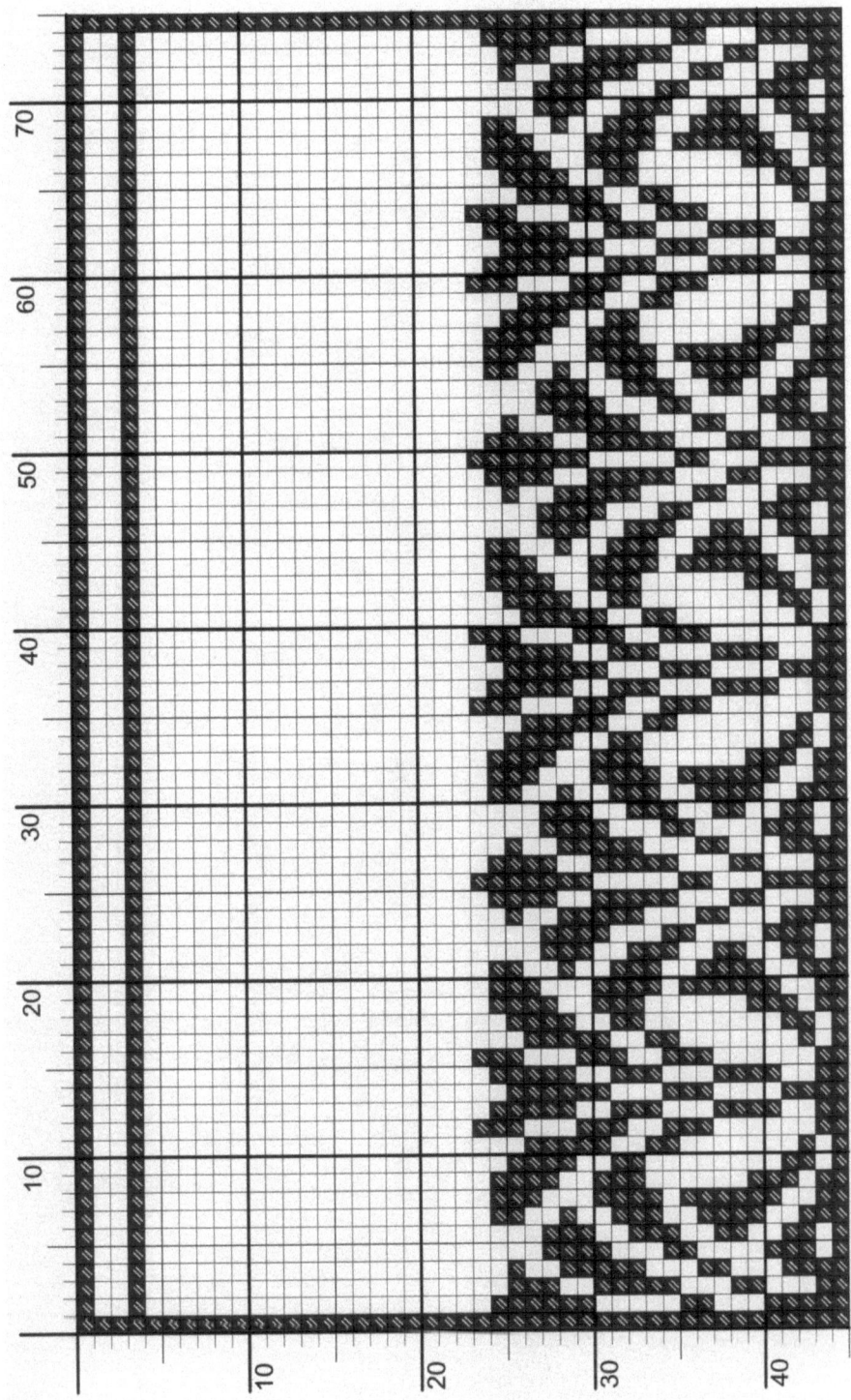

53

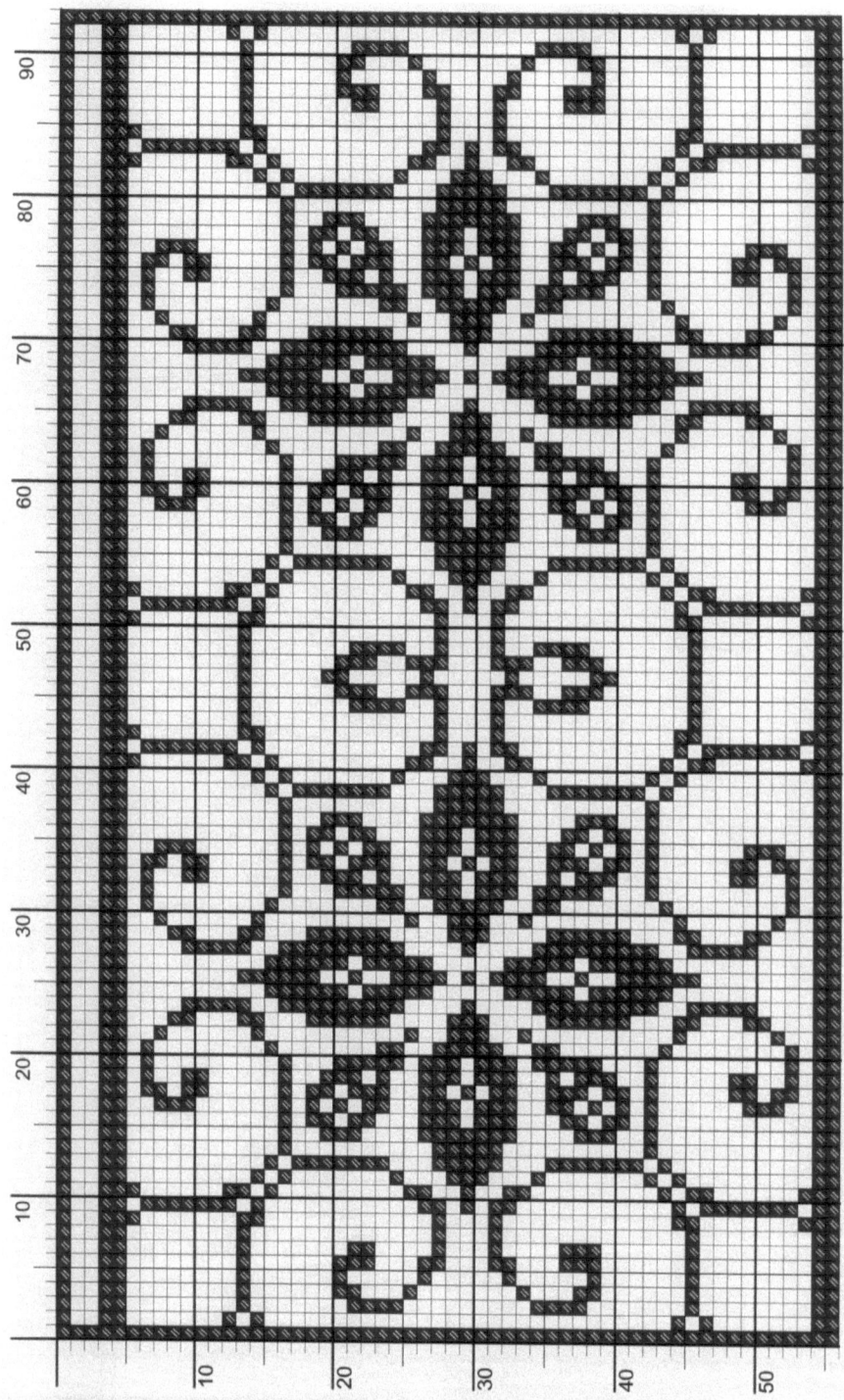

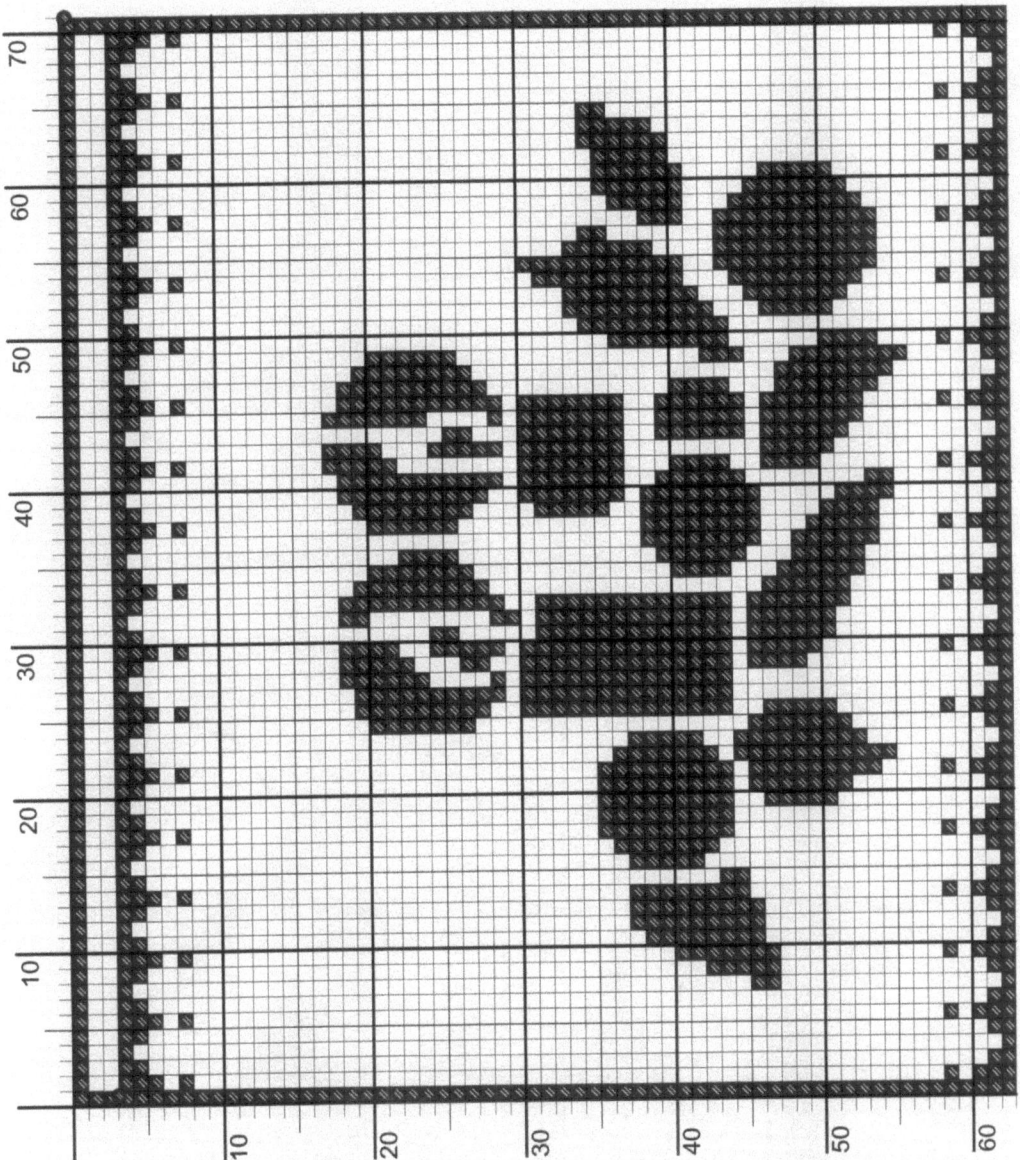

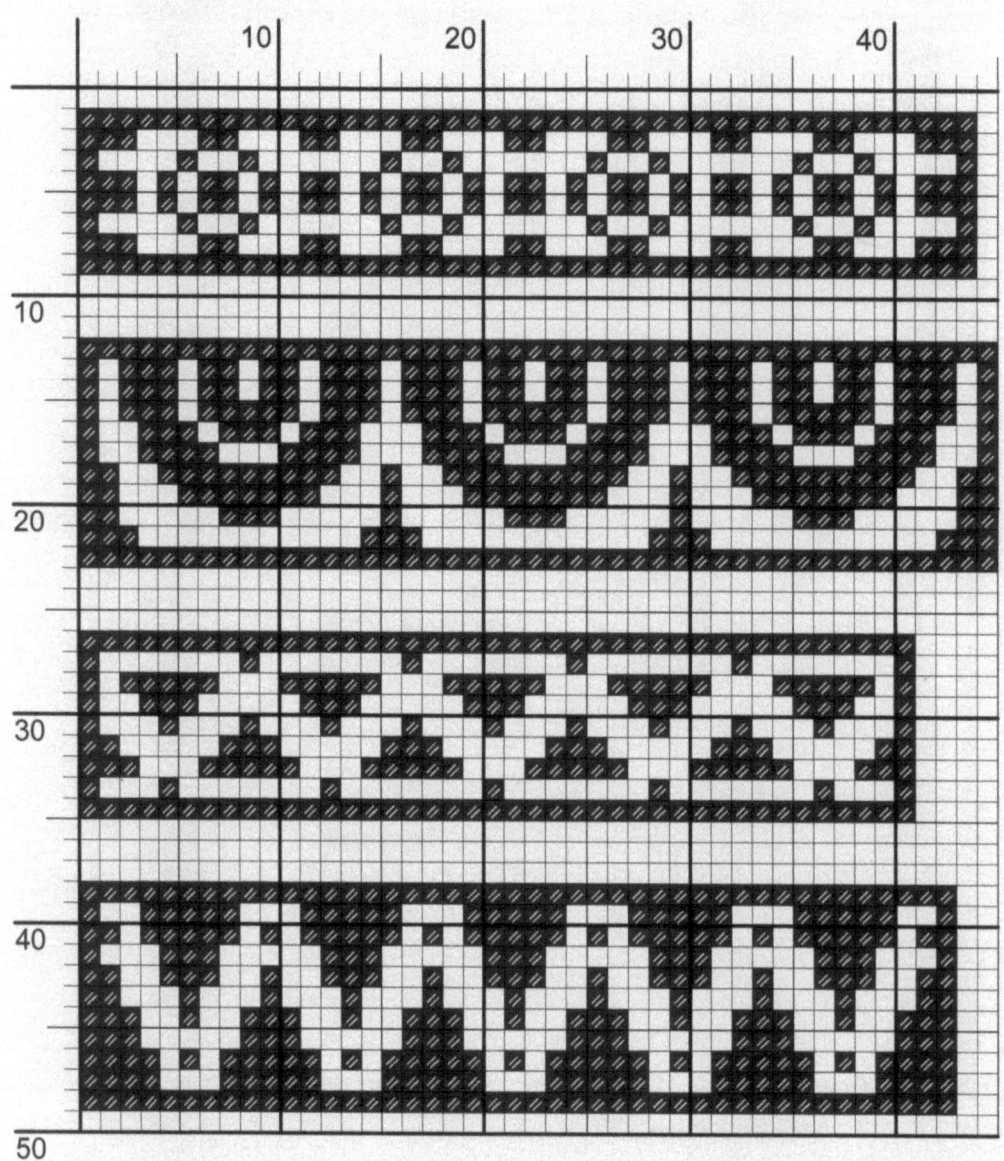

56

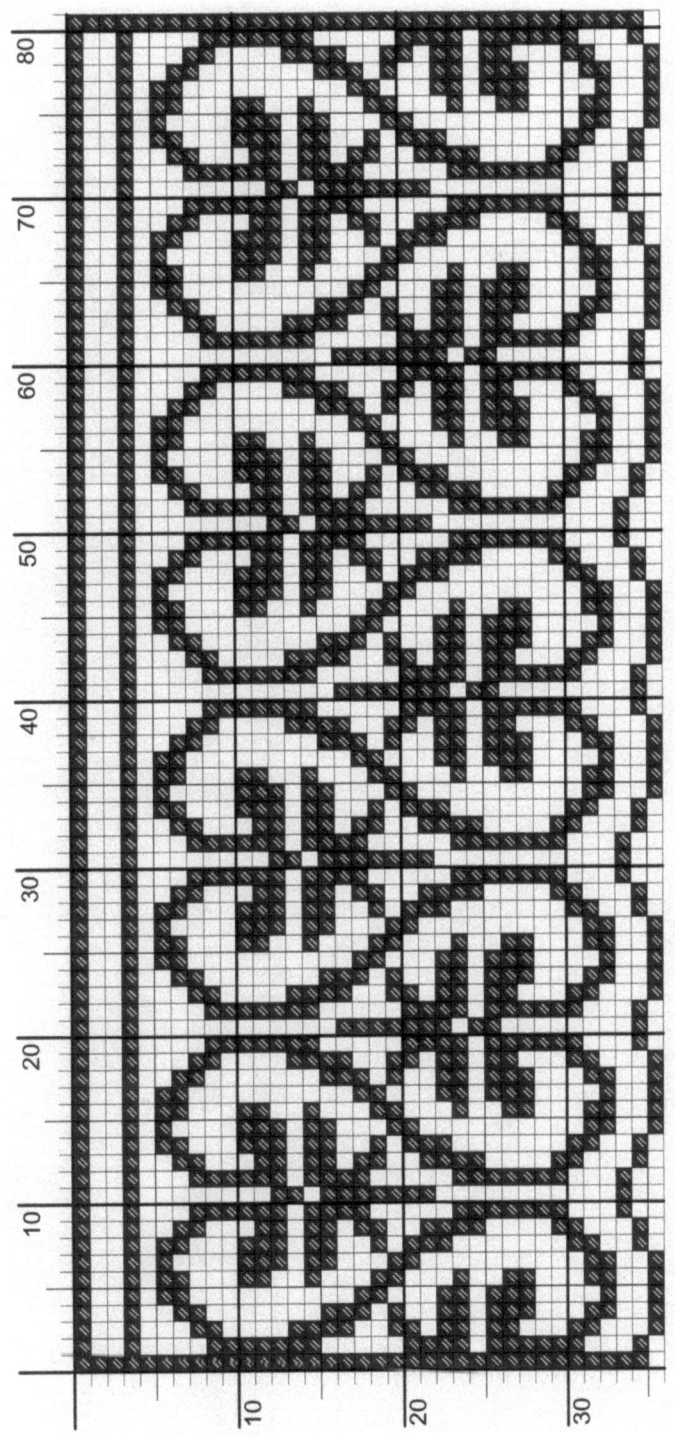

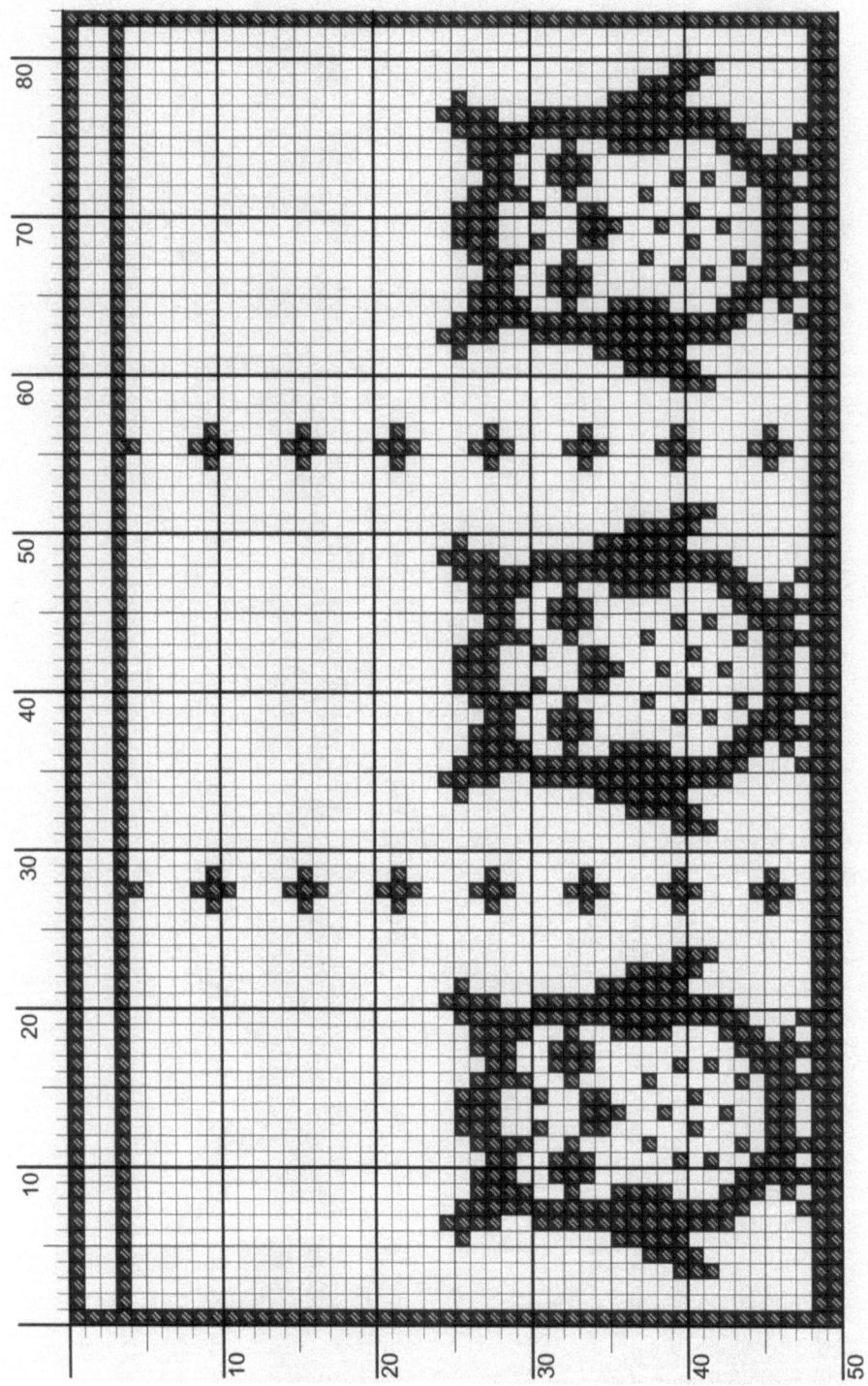

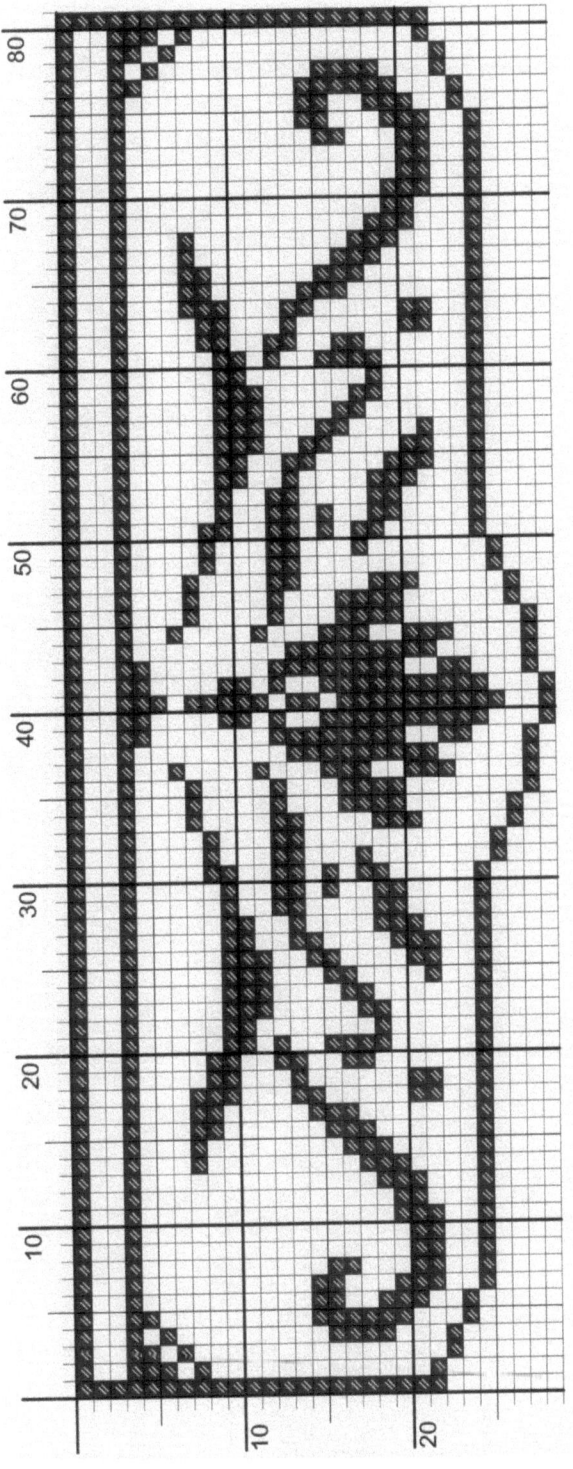

59

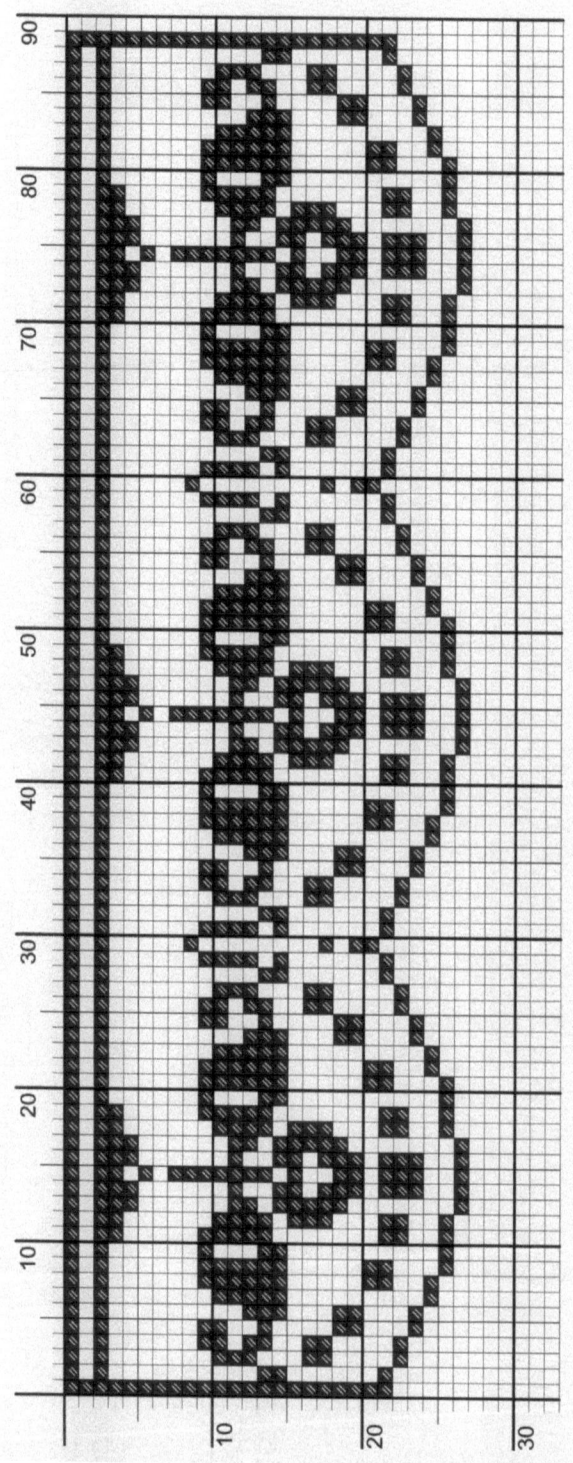

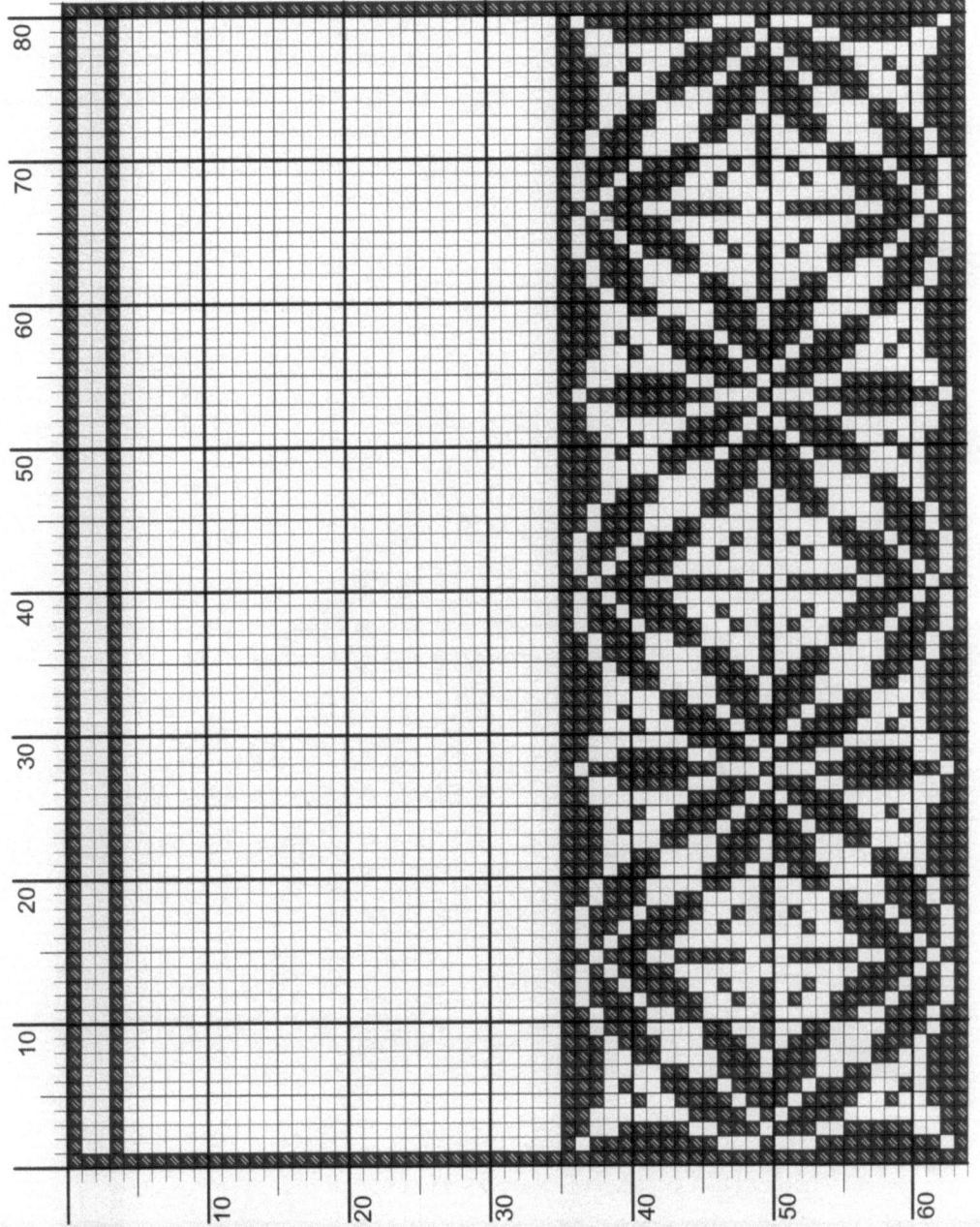

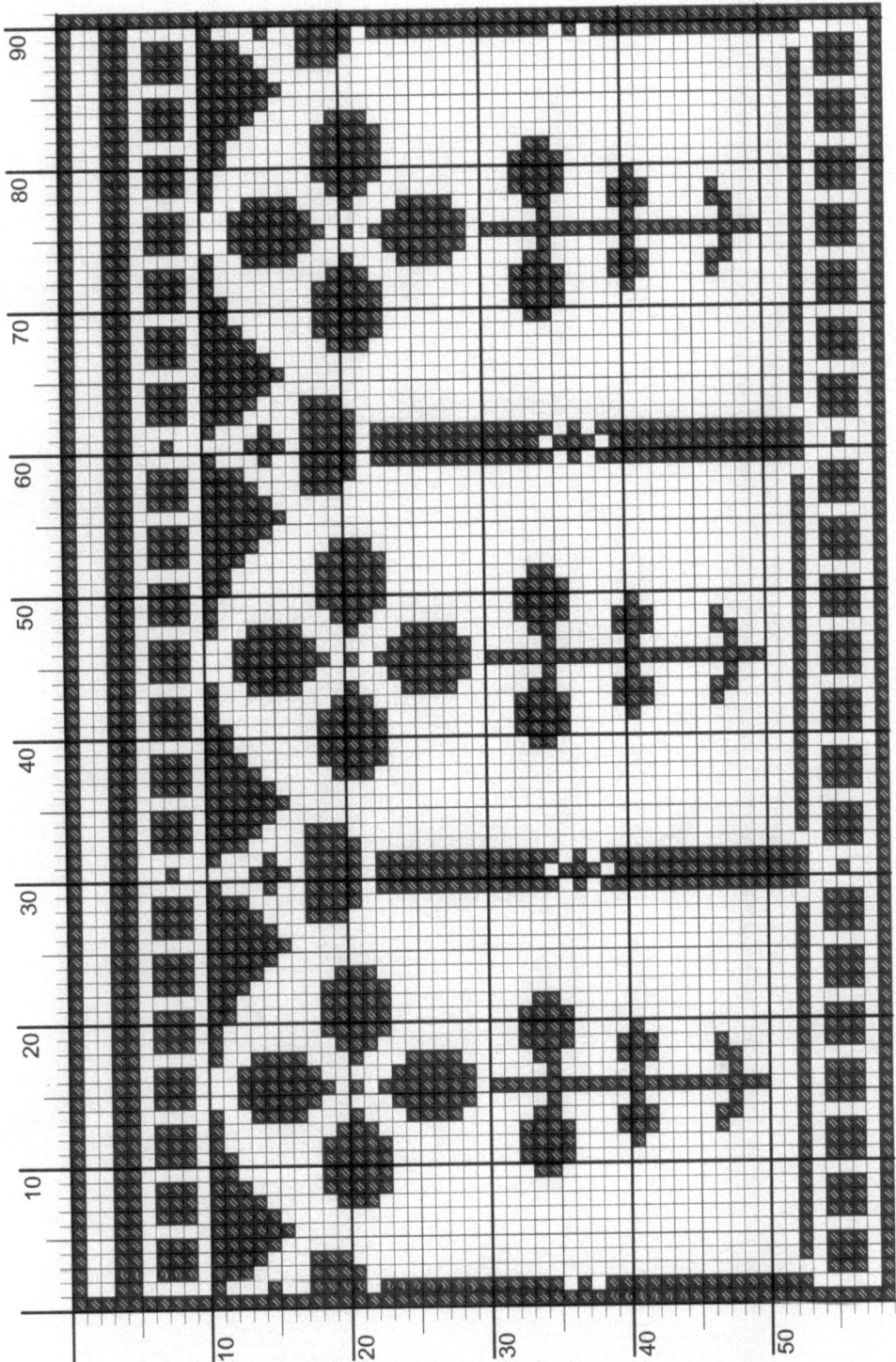

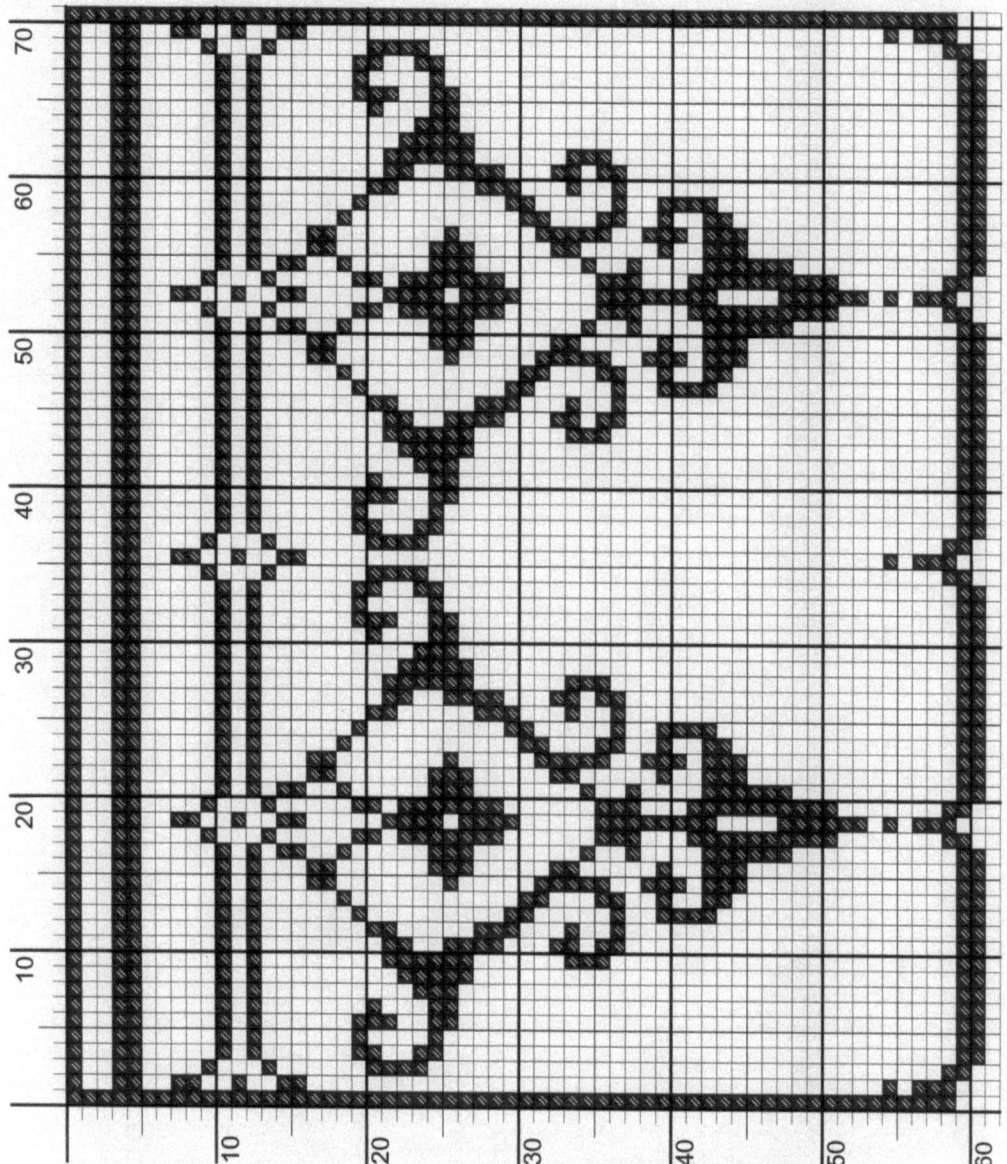

64

Für alle, die noch mehr Häkelinspirationen suchen:

Gehäkelte Gardinen 1, 2017, Paperback, 80 Seiten

ISBN 9783744812924

9,95 EUR

Gehäkelte Gardinen 2, 2011, Paperback, 80 Seiten

ISBN 3842384939

9,95 EUR

Gehäkelte Gardinen 3, 2013, Paperback, 72 Seiten

ISBN 3732238164

8,95 EUR

Lustige Häkelfiguren, 2013, Paperback, 72 Seiten

ISBN 3732254801

9,90 EUR

Aus dem Ei gehäkelt - 15 lustige Häkelfiguren, Paperback, 52 Seiten

SBN 9783743165571

7,99 EUR

Kleine Puppen häkeln, 2016, Paperback, 68 Seiten
ISBN 9783842357884
9,90 EUR

Schutzengel, Weihnachtsengel und Glücksbringer häkeln
e-book, 2016
2,99 EUR

Eulen häkeln für Groß und Klein
e-book, 2015
2,99 EUR

Schildkröten häkeln für Groß und Klein
e-book, 2015
2,99 EUR

Teddys häkeln für Groß und Klein
e-book, 2015
2,99 EUR

Häkelpuppen mit der Knollennase - Der Weihnachtsmann
e-book, 2015
0,99 EUR

Impressum

Dieses Werk einschließlich aller seiner Teile ist urheberrechtlich geschützt.

Jede Verwertung außerhalb des Urheberrechtsgesetzes ist ohne Zustimmung der Autorin unzulässig und strafbar. Das gilt insbesondere für Vervielfältigungen, Übersetzungen, Mikroverfilmungen sowie die Einspeicherung und Verarbeitung in elektronischen Systemen.

Es ist daher nicht gestattet, Abbildungen dieses Buches zu scannen, in PCs oder auf CDs zu speichern bzw. zu verändern oder einzeln oder zusammen mit anderen Bildvorlagen zu manipulieren – es sei denn, mit Genehmigung der Autorin.

Die im Buch veröffentlichten Anleitungen, Muster und Tipps wurden sorgfältig erarbeitet und geprüft. Eine Garantie kann dennoch nicht übernommen werden, ebenso ist eine Haftung der Autorin für Personen-, Sach- und Vermögensschäden ausgeschlossen.

Jede gewerbliche Nutzung der Arbeiten und Entwürfe ist nur mit Genehmigung der Autorin gestattet. Bei der Anwendung im Unterricht ist auf dieses Buch hinzuweisen.